Zu Beginn

Das ist Anton, im Volksmund auch »Done« ['do:ne] genannt. Er wird uns durch dieses Büchlein begleiten.

Done liebt Bayern, seine Traditionen, die Leute, die Sprache und natürlich: die Kulinarik.
Done ist ein Vollblutbayer, und das kennt man ihm auch an – tagtäglich wieder und nicht nur an seiner Wampn – auf gut deutsch: an seinem »Bierbauch«.

Klar, da gehört fürn Done, geboren und aufgewachsen südlich des sogenannten Weißwurstäquators (also südlich der Donau, in Altbayern), die Weißwurst, a Brezn und eine Halbe Bier dazu – und das vor allem *vor* 12 Uhr Mittag.

»Wos de Preissn beim ›Brunchen‹ dern, dern mia beim Weißwuaschdfrühstück – bloß schmeckt's bei uns bessa, und d' Leid san gscheida!«

Done ist also Bayer. Wie *isst* der Done aber? Die hier behandelten Varianten der Weißwurstverspeisung sollen regional bis global für Klarheit sorgen.

Doch vorab noch eine andere, grundlegende Frage:
Was ist dieses glitschige Etwas eigentlich, das nicht gerade von der Sonne geküsst zu sein scheint?

Die Legende

Am 22.02.1857 hatte Joseph »Sepp« Moser, Wirtsmetzger des Gasthauses »Zum ewigen Licht« am Münchner Marienplatz, ein »Fehlfabrikat« erzeugt. Nachdem ihm die Schafsdärme (Saitlinge) für seine Bratwürste ausgegangen waren, verwendete er die eigentlich zu großen und zähen Schweinsdärme. Anstatt sie zu braten, warf er sie zudem nur ins heiße Wasser – aus Angst, die Schweinsdärme würden beim Braten platzen.

Eine unvergleichliche Spezialität ward geboren!

Was ist Weißwurst?

Weißwurst ist eine hellgrau-weiße Brühwurst, welche aus sehr fein gemahlenem Kalbfleisch (mindestens 51 Prozent), heutzutage auch Schweinefleisch, aus Schweinerückenspeck und vielerlei Zutaten wie Salz, Pfeffer, Petersilie und Zwiebeln hergestellt wird. Die helle Farbe

begründet sich darin, dass das entsehnte Fleisch nicht gepökelt (konserviert) wird.

Zur Wurstmasse kommt noch das sogenannte Häutelwerk, das aus gekochten Schwarten von jungen Schweinen und aus Kopf- und Bindegewebsteilen von Kälbern besteht. Dieses darf einen Anteil von 10 Prozent der Wurstmasse nicht überschreiten. Die Wurstmasse, deren Fettgehalt zudem nicht höher als 30 Prozent sein darf darf, wird daraufhin – wie wir bereits gehört haben – in Schweinsdärme gefüllt. Abgedreht zu einer 12 bis 14 cm langen und 80 bis 100 Gramm schweren Wurst, hält der Schöpfer sodann eines der beliebtesten Lebensmittel Bayerns in den Händen.

Nebenbei erwähnt – aber sehr praktikabel:

Eine kleine Kalorien-Rechnung

3 Halbe Weißbier (ca. 45 kcal pro 100 ml)	*675 kcal*
3 Weißwürste (ca. 280 kcal pro Wurst)	*840 kcal*
2 Brezn (ca. 260 kcal pro Breze)	*520 kcal*
2 Portionen Senf (pro Portion ca. 20 kcal)	*40 kcal*
macht zusammen ca.	***2075 kcal***

Der Done ist 53 Jahre alt, 1,75 m groß, 95 kg schwer und benötigt daher täglich ca. 2300 Kilokalorien. Er kommt also an so einem durchschnittlichen Tag bei Bestellung der vierten Halbe schee langsam ins Grübeln – speziell wenn er beim Blick auf die Uhr feststellen muss, dass es erst Hoibe Zwöife mittags ist …

Hättn Sie des gwusst?

3000 ordentliche Weißwurstfrühstücke liefern die erforderlichen Kalorien für eine Joggingrunde um den Erdball.

Zubereitung

Zubereitet werden Weißwürste (*nicht* Weißwürstel!), indem man sie etwa 10 bis 12 Minuten in heißes, aber nicht kochendes Wasser gibt. Bei ca. 70 °C besteht keine Gefahr, dass die Weißwürste platzen, dadurch an Geschmack verlieren und sich die Haut nicht mehr richtig abpellen lässt. Meist wird das leicht gesalzene und oft mit etwas Petersilie staffierte Wasser kurz aufgekocht und der Topf anschließend vom Herd genommen. Dann werden die Würste in das ruhige Wasser eingelegt.

Und noch ein sensibles Thema: Die sogenannte Opferwurscht empfiehlt sich erst ab einer hohen Anzahl zu erwärmender Weißwürste und könnte eventuell auch als dekadent oder verschwenderisch empfunden werden. Dabei wird eine Weißwurst der Länge nach auf-, aber nicht durchgeschnitten. Diese wird bereits zum Erwärmungsvorgang ins Wurstwasser gegeben und sozusagen ausgekocht. Die anschließend gewissermaßen gesättigte Brühe verringert ein Abwandern des Geschmacks der zum Essen bestimmten Weißwürste in das Wurstwasser.

Das Wurstwasser selbst ist *nicht* zum Verzehr bestimmt! Nur in besonders abgelegenen Alpentälern wird es noch als Emetikum beziehungsweise Brechmittel bei Magenverstimmungen verabreicht.

Historie

»Weißwürschd derfan as Zwöife-Läutn ned hearn!« – Dieser Ratschlag, welcher gegenwärtig oft nur als Legitimationsgrundlage für eine verfrühte Arbeitspause verwendet wird, stammt aus der Zeit vor Erfindung der Kühltechnik und verwies darauf, dass die (unkonservierten) Weißwürste brühfrisch, also zeitnah nach ihrer Herstellung verzehrt werden sollten. Eine andere Deutung dieser berühmten Phrase besagt, dass die Würste früher vormittags an Handwerker verkauft wurden, die zu Mittag hin jedoch Platz für die Gäste mit dem »dickeren Geldbeutel« machen sollten.

Perfekte Servierart

Weißwürste werden traditionell vormittags und gern im Rahmen eines Frühschoppens zusammen mit süßem Senf, Brezn und Weißbier verzehrt.
In ordentlichen Wirtshäusern und Lokalen werden die leicht abkühlenden Würste nicht auf dem Teller, sondern zum selbst Herausnehmen in einem Weißwursttopf aus Keramik, einer Art Terrine, serviert.

Zur Bestellung
Wer Weißwürste paarweise bestellt, dem kann es passieren, dass er entweder korrigiert oder ignoriert wird. Weißwürste werden stückweise bestellt, also zum Beispiel:
»Drei (Stück) Weißwürste, bitte!«.
Beilagen oder »Additive« wie Sauerkraut oder gar Ketchup sind ein absolutes Tabu und werden von in der Umgebung sitzenden »Eingeborenen« als Affront interpretiert.
Süßer Senf muss nicht bestellt werden – dieser wird standardmäßig mitserviert.

Schneide- und Verzehrtechniken

Vorab: Ausnahmen bestätigen die Regel, aber üblicherweise wird der Darm bei Weißwürsten *nicht* mitgegessen.

Je nach Vorgehensweise ist folgendes Instrumentarium hilfreich:

Hände (unverzichtbar!)
Gabel
Messer

Auf den nächsten Seiten wird sowohl in Schrift als auch in Bild genauer auf acht bisher bekannte und anerkannte Techniken eingegangen.

Möge sich jeder seine ihm liebste Vorgehensweise erwählen!

1

Der Klassiker:
Das »Zuzln«
(Oft wird die Wurst ab der Hälfte umgedreht, damit der »Wursthaut-saugkanal« nicht zu lang wird.)

1.

2.

3.

2

»Häiftln« I
Wurst halbieren und Hälften rausklappen – beide zugleich oder die zweite nach dem Essen der ersten Hälfte.
(Haut an der Unterseite nicht durchtrennen!)

1.

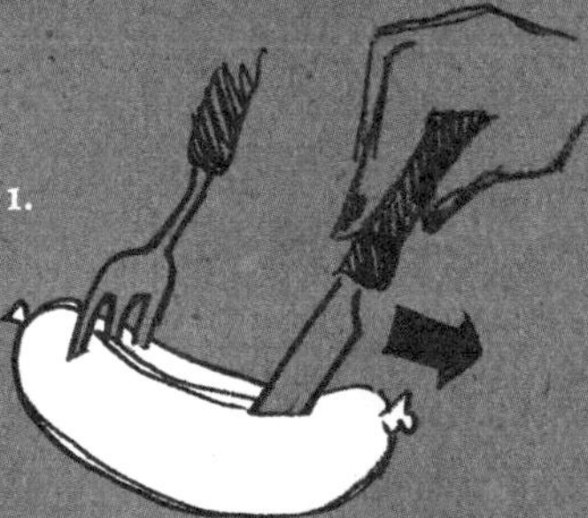

2.

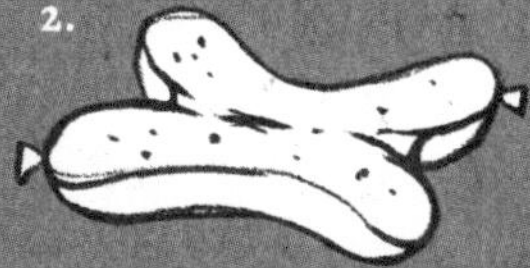

3.

4.

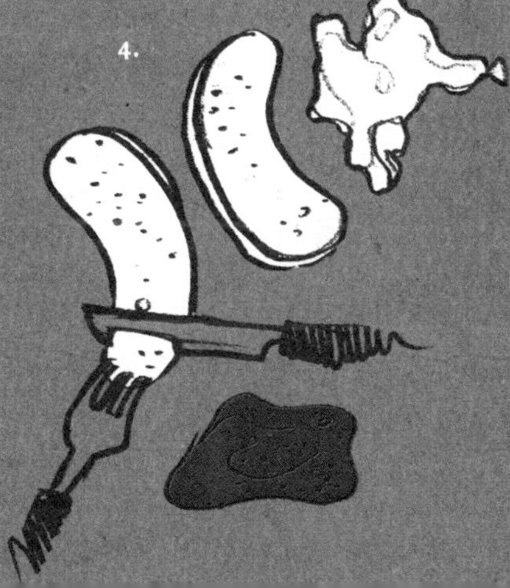

3

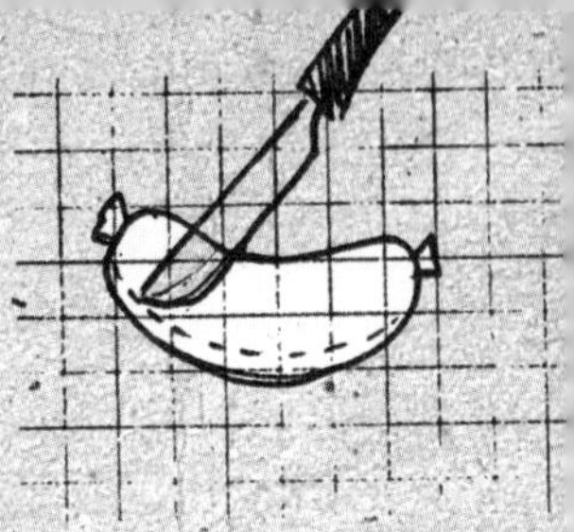

»Häiftln« II
Halbieren und portionenweise von der Haut abziehen.
(Haut an der Unterseite nicht durchtrennen.)

1.

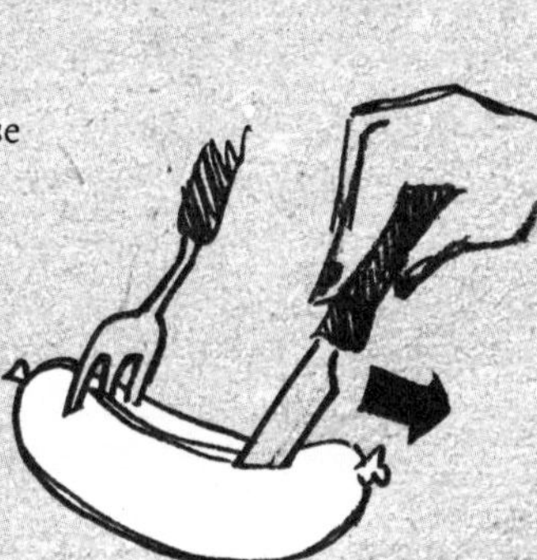

2.

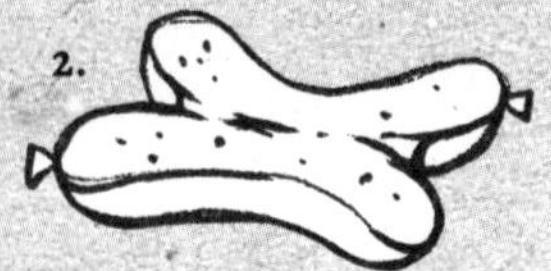

3.

4.

Abschließend natürlich wie immer ordentlich durch den Senf drehen

4

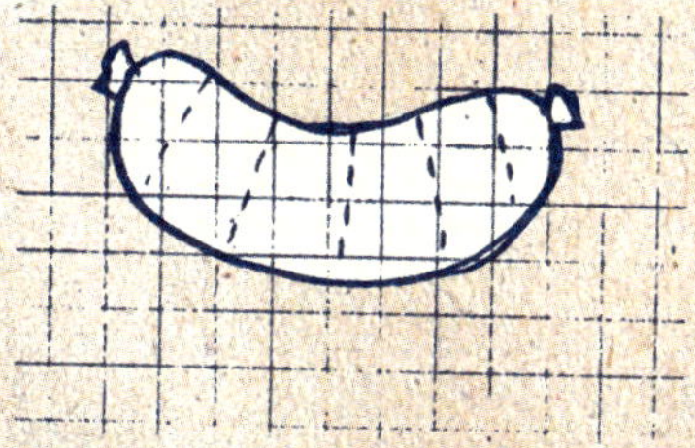

Lustiges Scheiben-Schneiden oder auch der »Kreuzschnitt für Einsteiger«
Eine dicke Scheibe schneiden und mit Drehbewegung herausziehen oder auch die ganze Weißwurst erst komplett in Scheiben schneiden und dann herausdrehen.
(Haut an der Unterseite nicht durchtrennen, Haut der Scheiben beim Herausdrehen mit dem Messer festhalten.)

1.

2.

5

»Banane«
In die Hand nehmen, an einer Spitze leicht anritzen, teilschälen wie eine Banane, in Senf tauchen, runterbeißen.
(…wieder weiter schälen, in Senf tauchen, usw.)

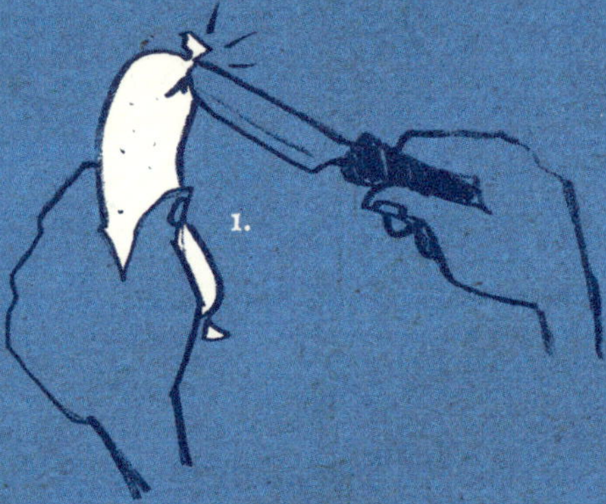

1.

2.

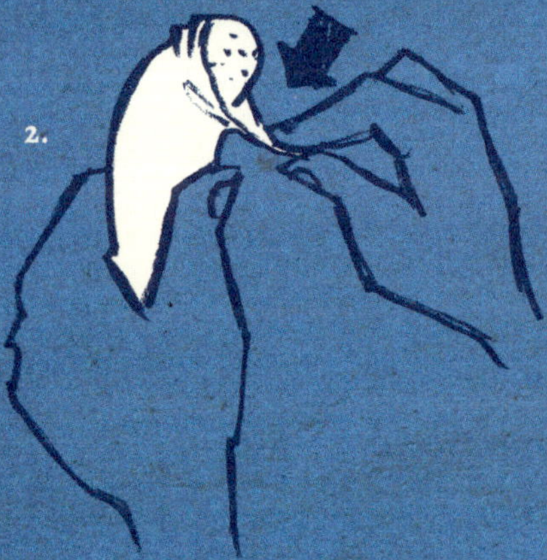

3.

6

»Ausziang«
Ganze Weißwurst längs leicht einritzen und Haut mit der Hand abziehen.
(... dann frei nach Gusto mit Händen oder Besteck weiterverfahren.)

1.

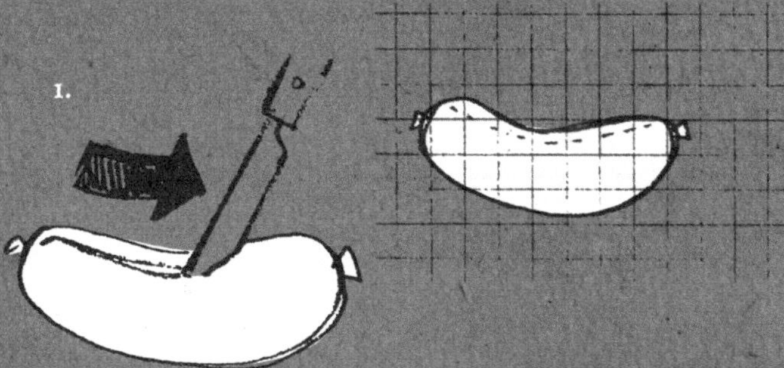

2.

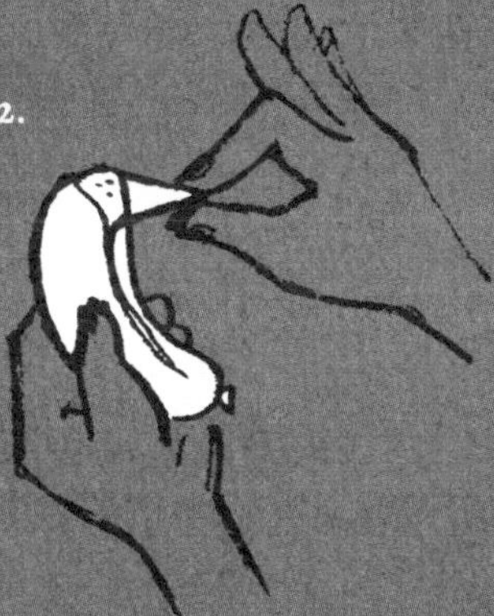

3.

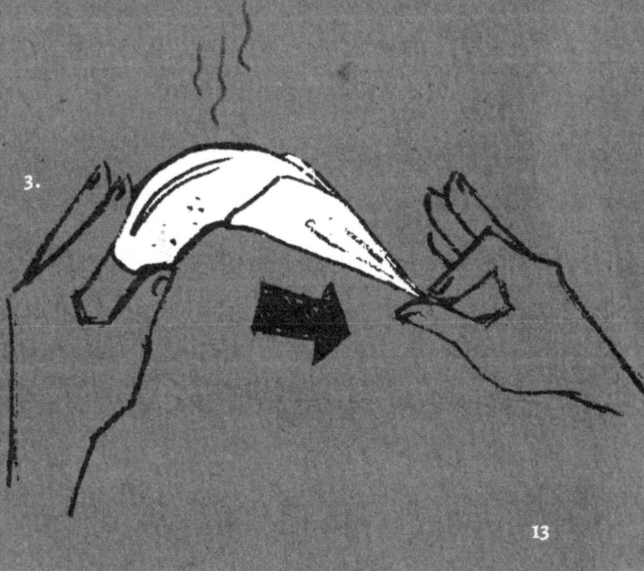

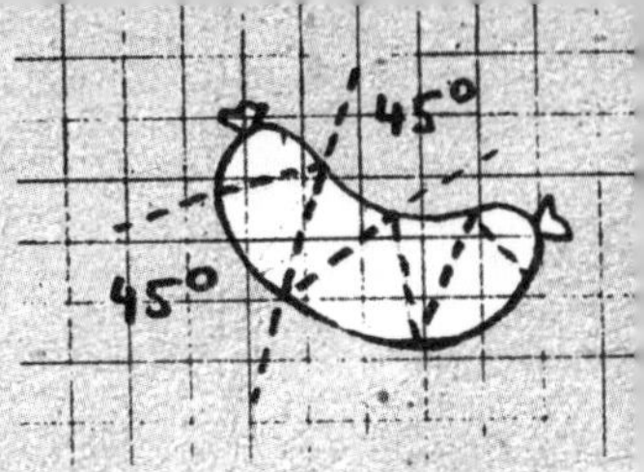

7

Für Kenner und Könner:

Der »Kreuzschnitt«

Die Wurst mit der Gabel fixieren. Etwa 4 cm vom Ende die Wurst schräg einschneiden, die Füllung an dieser Stelle durchtrennen. *(Die Haut auf der Unterseite der Wurst nicht verletzen!)* Mit der Gabel in die Schnittfläche des kleineren Endes stechen, mit einer Drehbewegung aus der Haut lösen. Im Zick-Zack-Muster weiter schneiden und Wurst Stück für Stück herausdrehen.

1.

2.

3.

Diese Variante ist durchaus artverwandt mit Methode 4, aber raffinierter.

8

Nicht schön, aber einfach:

Mit Haut essen

Die Wurst wird schonungslos komplett aufgegessen. Es wird aber empfohlen, die Wurst zu schneiden, da die Haut aufgrund ihrer Zähigkeit recht schwer durchzubeißen ist. *(Fürn Waldi bleibt bei dieser Variante leider gar nix übrig.)*

Die unabdingbaren Begleiter der Weißwurst

Der süße Senf

Der kulinarische Partner der Weißwurst aus grob gemahlenen Senfkörnern wird bereits seit 1854 hergestellt. Dabei kommen als Ergänzung zu den klassischen Senfarten unterschiedlichste Süßungsmittel zum Einsatz: Ob mit braunem Farinzucker oder Süßstoff, mit Honig oder Apfelmus – der süße Senf erfreut sich in Bayern einer großen Tradition und erreichte im delikaten Zusammenspiel mit der Weißwurst weltweiten Bekanntheitsgrad.

Die Brezn oder auch Breze

Das sagenumwobene, traditionellste Gebäck und beliebteste »Gebildbrot« Bayerns gleicht ineinander gelegten Armen und wird mit einer speziellen Schlingtechnik von einem Bäcker in nur 1–2 Sekunden geformt.
Der so auf berühmte Weise geschlungene und in klassischer Form ca. 15 cm breite Teigkörper aus Mehl, Backhefe, Salz, Malz und Wasser wird vor dem Backen in Natronlauge getränkt und mit Salz bestreut. Die Breze zeichnet sich nach dem Backen vor allem durch ihre anmutige Bräunung und die delikate Symbiose aus knuspriger Salzkruste sowie ihren saftig-weichen Hefeteigkörper aus.

Ein paar Daten

seit dem 14. Jh. Zunftzeichen der Bäcker

gebacken bei 220–240 °C, 12–15 Minuten

möglichst trockene Aufbewahrung erforderlich!

Das Weißbier oder auch Weizenbier, die Weiße, das Weizen
Das Bier trinkt man in Bayern in Halbliter-großen Gläsern oder in (1-Liter-)Maßkrügen. Klassisch wird das vollmundige Hefeweizen oder spritzige Kristallweizen (hefe-gefiltert) im aufgrund Rezenz (»Prickeln«) und Blume (Schaumkrone) spezifisch geformten Weißbierglas serviert, idealerweise mit einer Trinktemperatur von 7–10 °C. Das Glas wird vor dem Einschenken kalt ausgewaschen – vor allem, um übermäßige Schaumbildung zu vermeiden. Auf Zitronenscheibe oder Reiskörner im Weißbier sollte der traditionsbewusste Trinker verzichten. Als Pendant zum beliebten Sommergetränk »Radler« hat sich als Weißbier-Mischgetränk der »Russ« etabliert (ebenfalls mit Zitronenlimonade).
Weißbier gibt es ebenso als sogenannten Bock, als Dunkles und als das hier vornehmlich behandelte Helle Weißbier.

»Ob alkoholfrei, leicht, normal oder stark – ein kühles Weißbier am Morgen vertreibt so mancherlei Sorgen! Doch auch unterm Tage und zum Abend hin – macht a kühle Weiße immer Sinn!«

Ein paar Daten

11–14 % Stammwürze
meist um 5, auch bis zu 10 % Alkoholgehalt
ca. 1100kJ / 265 kcal pro Halbe Bier
mindestens zu 50 % aus Weizenmalz
obergärige Hefe, daher obergäriges Bier
Lagerung in der stehenden Flasche

Der kleine Weißbier-Schankkurs

Done schnappt sich ein Weißbierglas und wäscht es mit kaltem, klaren Wasser aus.

1. Beim Ansetzen: Glas etwa im 20°-, Flasche etwa im Minus-30°-Winkel zur Waagrechten.
Nun setzt Done den Flaschenkopf an das fast waagrecht gehaltene Glas. Er verändert sodann den Flaschenwinkel und beginnt dadurch *langsam* den Einschenkvorgang, um übermäßige Schaumbildung zu vermeiden. Das Glas bleibt zuerst statisch.

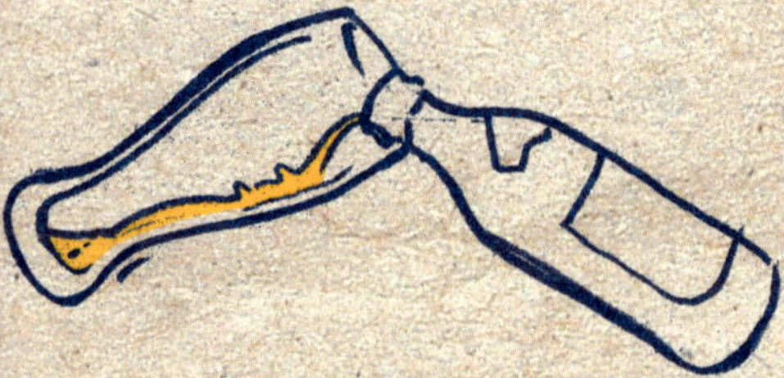

2. Während des Einschenkens: Glas etwa im 45°-Winkel, Bier und Schaum ragen bis knapp unter den Glasrand, Flasche nun im Minus-10°-Winkel. Kurz bevor das bis dato eingeflößte Bier über den Glasrand läuft, passt Done in einer eleganten und fließenden Bewegung den Winkel des Glases Richtung Senkrechte an, sodass der feine Extrakt stets nur knapp nicht aus dem Glase rinnt. Der Winkel der Flasche verändert sich ab dann nur noch minimal.

Hättn Sie des gwusst?
Der Bierschaumzerfall lieferte einst die Grundlage für die wahrscheinlich bedeutendste mathematische Beschreibung von Veränderungsprozessen: die Exponential- oder e-Funktion.

3. Beim Stoppen: Glas etwa im 70°-, Flasche etwa im 10°-Winkel.
Kurz bevor die Flasche entleert ist und das Glas die Senkrechte erreicht, stoppt Done abrupt den Einschenkvorgang. Bier und Schaum füllen das Glas nun bis knapp unter den Rand.

4. Nun löst Done in einer schüttelnden oder kreisenden Bewegung die abgesetzte Hefe am Flaschenboden mit den restlichen 50 bis 70 ml Bier auf.

5. Diese Mixtur schenkt Done sodann in das Glas und fördert nun ganz bewusst die Bildung der sogenannten Schaumkrone oder auch Blume.
Diese überragt das Glas am Ende um etwa 1–2 cm.
Hierbei kann Done durch den Einschenkwinkel und durch Auf- und Abbewegungen der Flasche die Schaumbildung aktiv steuern.

Done blickt nun ehrfurchtsvoll auf eine anmutige gelb-weiße Schönheit, eine klassische »Fernseh-Hoibe«.

Zu guter Letzt ...

Über Bayern

Vom Herzogtum über Kaiser- und Königreich hin zum Freistaat und Bundesland des föderalistischen Deutschlands – Bayern hat als einer der ältesten Staaten Europas eine ereignisreiche Historie. Bereits im 6. Jahrhundert n. Chr. findet man erste Aufzeichnungen.
Bayern ist das flächengrößte Bundesland Deutschlands, hat mit der Zugspitze (2962 Meter) den höchsten Berg Deutschlands inne und zählt mit heute rund 12,5 Millionen Einwohnern zu den einwohnerstärksten Bundesländern. Die Hauptstadt Bayerns ist die oberbayerische Stadt München. Neben pittoresken Landschaften, Seen und den Gipfeln der Alpen sorgen vor allem die historischen Städte und Bauten dafür, dass Bayern zu den großen touristischen Magneten Deutschlands zählt.
Nicht zuletzt auch aufgrund der charakteristischen Brauchtümer, Traditionen und der tiefsitzenden bayerischen Urgemütlichkeit erscheint es als konsequent und schlüssig, dass solch ein einzigartiger kulinarischer Hochgenuss – die Weißwurscht – aus Bayern stammt.

Zweifelsohne eine der schönsten Kulissen für ein Weißwurschtfrühstück: der Chiemsee (sprich »Kiemsee«, nicht »Schiemsee«!), das »Bayerische Meer« mit dem Panorama der Chiemgauer Alpen.

Drei junge Herren in typischer Tracht, zudem ist in ihren Gesichtern die Vorfreude auf ein ordentliches Weißwurstfrühstück erkennbar. Und dass die vom Verzehr vieler Weißwürste perfekt geformten, kraftvollen Waden nicht auskühlen, werden diese mit den sogenannten Stutzen beziehungsweise Schduzn bekleidet.

Eine bayerische Blaskapelle klingt unbestritten einfach besser, wenn sie von einem Mannsbild mit Maßkrug in der Hand dirigiert wird. Eine Weißwurst entfaltet widerum ihren vollendeten Geschmack erst zu den Klängen verschiedener Blech- und Holzblasinstrumente.

Übers Oktoberfest oder: die Wiesn

Knapp 7 Millionen Besucher aus aller Welt, ebenso viele Liter konsumiertes Bier, rund eine Million halbe Hendl und 120 Ochsen, Festzelte mit einem Fassungsvermögen von bis zu 10 000 Personen und eine 200 Jahre alte Tradition – das ist kurz umrissen das Oktoberfest auf der Münchner Theresienwiese, welches 1810 anlässlich der Hochzeit von Kronprinz Ludwig und Prinzessin Therese zum ersten Mal veranstaltet wurde.

Das erste Bierfass wird am ersten Tag der 16- bis 18-tägigen Wiesn um 12 Uhr im Schottenhamel-Festzelt durch den Oberbürgermeister der Stadt München angestochen und das Fest mit dem berühmten Ausruf »Ozapft is!« offiziell eröffnet. Daraufhin erhalten die anderen Zelte durch zwölf Böllerschüsse vor dem Wahrzeichen Bayerns – der Bavaria – das Signal, dass das Volksfest und der Bierausschank nun beginnen können.

Bayerische Persönlichkeiten

Bavaria	*strahlende Symbolgestalt und Patronin Bayerns*
König Ludwig II.	*1845–1886, (Märchen-)König von Bayern mit globaler Strahlkraft und hochgradig umtriebiger Bauherr (Neuschwanstein, Herrenchiemsee, etc.)*
Zamperl	*lernresistenter kleiner Hund (meist Dackel, »Waldi«) mit typisch bayerischem Dickschädel*
Wolpertinger	*bayerisches Fabelwesen, einer Sage nach ein im 19. Jahrhundert von Tierpräparatoren erschaffener Hybrid aus Hase, Hirsch und Ente zur gezielten Verarschung naiver Touristen, neben Wappenlöwe und Dackel wichtigster Repräsentant der bayerischen Tierwelt*
Papst Benedikt XVI.	*Joseph Aloisius Ratzinger, *1927, 2005–2013 Papst der römisch-katholischen Kirche*
Christian Ude	**1947, »Ewiger Bürgermeister« Münchens, Kabarettist und Autor, Rekordhalter beim Anzapfen des ersten Wiesn-Bierfasses mit zwei Hammerschlägen*
Franz Josef Strauß	*1915–1988, langjähriges Mitglied der Bundesregierung, Ministerpräsident und bis heute bedeutendster »Amigo« Bayerns*
Franz Beckenbauer	**1945, der »Kaiser« des Fußballs, Fußballweltmeister als Spieler und Trainer*
Albrecht Dürer	*1471–1528, bedeutender Künstler des Humanismus und der Reformation*
Bertolt Brecht	*1898–1956, Lyriker und Dramatiker, Begründer des epischen Theaters*
Ludwig Thoma	*1867–1921, Schriftsteller, bekannt durch seine treffsichere satirische Aufarbeitung des bayerischen Alltags*
Richard Strauss	*1864–1949, Komponist (»Der Rosenkavalier«), Theaterleiter, Dirigent*
Carl Orff	*1895–1982, Komponist (»Carmina Burana«) und Musikpädagoge*
Gerhard Polt	**1942, begnadeter Kabarettist, Autor, Schauspieler, der nicht nur den Bayern seit Jahrzehnten den Spiegel vorhält*
Biermösl Blosn	*1976–2012, Musik- und Kabarettgruppe, »Stachel im Fleisch der Obrigkeit, die anarchische Seele des Volkes« (Annette Ramelsberger, Journalistin)*
Franz Marc	*1880–1916, bedeutender Maler des Expressionismus*
Karl Valentin	*eigentlich Valentin Ludwig Fey, 1882–1948, genialer, originär bayerischer Komiker und Autor*

Spider Murphy Gang	*seit 1977, Rockband (der Neuen Deutschen Welle), meist in erfrischend bairischer Mundart*
Sebastian Kneipp	*1821–1897, katholischer Priester, Begründer des berühmten Kneipp-Naturheilverfahrens*
Pumuckl	**1962, rothaariger Zeichentrickkobold, Titelheld der Serie »Meister Eder und sein Pumuckl«*
Gustl Bayrhammer	*1922–1993, Volksschauspieler, Schreinermeister Eder der Serie »Meister Eder und sein Pumuckl«*
Haindling	*seit 1983, Name der Pop- und Volksmusikband des instrumentalen Tausendsassas Hans-Jürgen Buchner*
Alfons Schuhbeck	**1949, (Fernseh-)Koch, Gastwirt und Autor, ein Stern im Guide Michelin, Anwender der sogenannten »Opferwurscht«*

… um nur einige wenige von so vielen zu nennen, die die bayerische Seele, den Grant, die Kauzigkeit, den urtypischen Sturschädel, aber auch die kulturelle Vielschichtigkeit, den bayerischen Geist und die Kreativität in die Welt trugen, tragen und tragen werden, wie es sonst vielleicht nur eine Weißwurscht zu vollbringen vermag …

Hättn Sie des gwusst?
Der Wolpertinger lebte vornehmlich in Wäldern und Gebirgslandschaften und hat sich mit Vorliebe von orientierungsschwachen und wenig wehrhaften preußischen Wanderern ernährt. In diesem Zusammenhang konnte man im Volksmund auch schon die Bezeichnung »Preissn-Reissn« vernehmen.

Der Wolpertinger – hier auf einer der ersten Farbfotografien überhaupt, spontan geknipst von Albrecht Dürer im Jahr 1502 – ist leider seit vielen Dekaden ausgestorben. Wohl spielt sein Fleisch gegenwärtig und auch zukünftig keine Rolle bei der Herstellung von Weißwürsten. Noch bis Mitte des 19. Jahrhunderts konnte man aber Etiketten von abgepackten Weißwürsten Sätze wie »Kann Spuren von Wolpertinger enthalten« entnehmen. Hartnäckig hält sich die Legende, dieses Mischwesen wäre ab dem 19. Jahrhundert von übermotivierten Tierpräperatoren »zusammengebastelt« worden, um preußische Touristen zu verschrecken oder diese in ihrer maßlosen und unkritischen Verwunderung zum Kauf anzuregen.

Zum Mitreden

Typische bairische Wörter und Formulierungen mit Übersetzung zur schnellen, wenigstens sprachlichen Assimilierung im öffentlichen Raum.

Für Einsteiger

Habe d' Ehre! Serwas! Prost!	Habe die Ehre! Ich grüße dich! Zum Wohle!
A Hoibe Bier!	Einen halben Liter Bier (im Glas), bitte!
Bei großem Durst: A Maß Bier!	Eine Maß Bier, bitte!
No oane!	Bringen Sie mir noch ein Bier, bitte!
Ja pfuideife!	Igitt, widerwärtig!
Graffe	Gerümpel, Ansammlung unbrauchbarer Dinge
Giggal / Hendl	Hahn / Hühnchen
schbeim	sich übergeben
schnaxln	den Koitus verrichten

Für Fortgeschrittene

Hoiz vor da Hüttn	Oberweite einer Dame
Du Gwada! *Oder:* Du Bräida!	Du mäßig intelligenter Mensch!
Schmeizla	Schnupftabak, durch die Nase eingesaugter Tabak
Zreissn soi 's di!	Gesundheit! *(bair. sinngemäß gegenteilig, Antiphrase)*
Drauf gschissn!	Ist ja egal jetzt!
Der Klassiker: Oachkatzlschwoaf	Schweif eines Eichhörnchens *(gern angewandtes Wort zu Prüfung der Bairisch-Kompetenzen)*

Angewandte Sprache

Ja, du Dreggsau, du elendige! Schbeibt mir der Hundling auf mei Lederhosn!	Ja, du schmutziges, elendes Ferkel! Es ist schwer zu akzeptieren, dass sich dieser Kretin – also du – auf meine Lederhose übergibt!

Liaba an Mong varrenkt, ois am Wirt wos gschenkt!	Besser, sich den Magen verdorben, als dem Gastwirt etwas übrig gelassen zu haben!
Scheiß da nix, dann feid da nix!	Trau dich was, dann wird dir auch nichts fehlen!
Es gibt nix Feiners ois a Gsäichts vom Schweiners!	Es gibt nichts Feineres als ein geräuchertes Stück Fleisch vom Schwein!
Doher wahd da Wind!	Ach, deshalb!
Da Gschwinda is da Gsinda!	Wer zuerst kommt, mahlt zuerst! *(z.B. beim Ansturm auf ein Buffet oder auf Freibier)*
Da Mong von da Sau, de Daschn von a Frau, da Inhalt von a Wurscht – des bleibt für imma unerfurscht!	Der Magen des Hausschweins, die Handtasche einer Frau, der Inhalt einer Wurst – alles das wird auf ewig ein Geheimnis bleiben!

Na dann …
Der Grundstein für eine gepflegte Unterhaltung zum Beispiel bei Tisch ist nun gelegt, Sie haben sich im Idealfall bereits eine Lieblingsvariante des Verzehrs auserkoren und beherrschen diese, bestechen durch intime Fachkenntnisse rund um die Weißwurscht und können sich so in vielerlei Hinsicht nicht nur am Tisch behaupten und Ihre Mitwelt in großes Erstaunen versetzen.
Der Done und die Autoren wünschen nun abschließend und andächtig:

An Guad'n!